EL CUERPO HUMANO
UNA MÁQUINA MARAVILLOSA

Textos
Gisela Socolovsky

Ilustraciones
Silvina Socolovsky

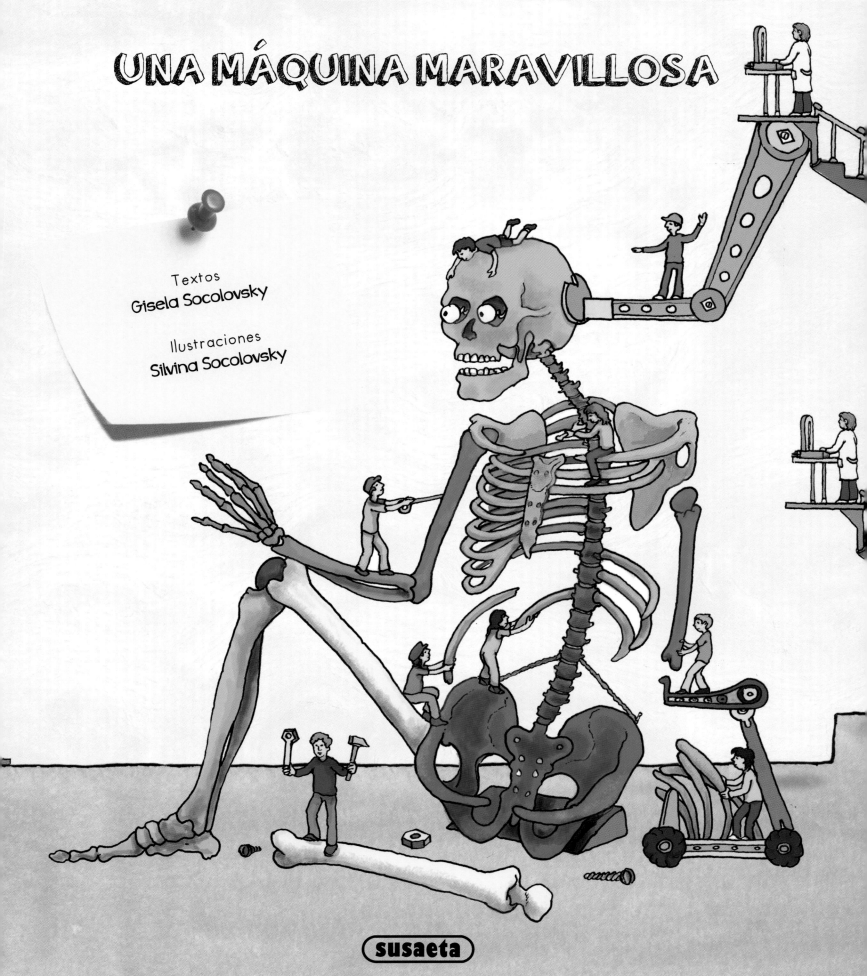

susaeta

EL CUERPO HUMANO
¡Vaya máquina tan maravillosa!

Respiramos al tiempo que dormimos; nuestro corazón late sin parar mientras comemos y hacemos la digestión; podemos leer un libro y escuchar sonidos a la vez; somos capaces de pensar mientras corremos, saltamos o cantamos...

Tenemos la máquina más compleja y perfecta que pueda existir.

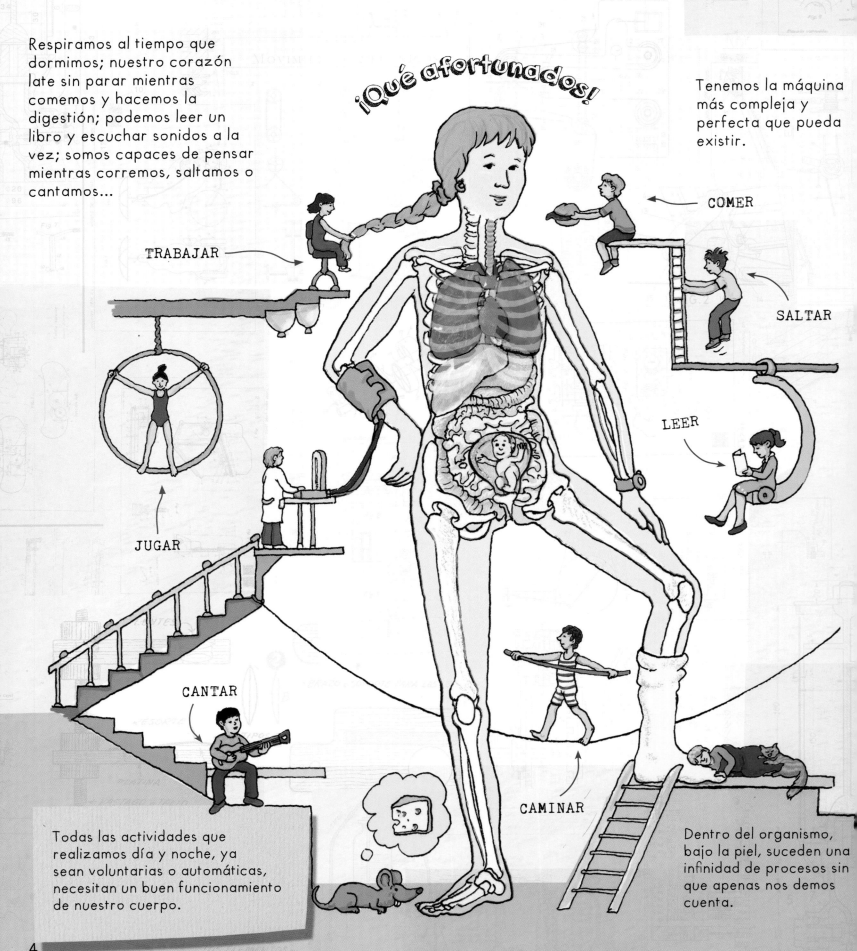

¡Qué afortunados!

TRABAJAR

COMER

SALTAR

JUGAR

LEER

CANTAR

CAMINAR

Todas las actividades que realizamos día y noche, ya sean voluntarias o automáticas, necesitan un buen funcionamiento de nuestro cuerpo.

Dentro del organismo, bajo la piel, suceden una infinidad de procesos sin que apenas nos demos cuenta.

4

¿QUIÉN ES EL ENCARGADO DE LLEVAR A CABO ESTA INFINIDAD DE TAREAS?

¡Nuestro cuerpo!

Es tan sabio que puede ordenar todos sus órganos en grupos de trabajo, y ponerlos en funcionamiento simultáneamente.

VEAMOS ALGUNOS DE ELLOS...

APARATO DIGESTIVO

SISTEMA NERVIOSO

APARATO REPRODUCTOR

APARATO LOCOMOTOR

APARATO CIRCULATORIO

APARATO RESPIRATORIO

SOMOS CÉLULAS

Cada milímetro de nuestro cuerpo está compuesto por células. Son tan pequeñas que para verlas habría que usar un microscopio. Tenemos millones y millones de ellas, muy diferentes según el lugar que ocupan y la función que desarrollan.

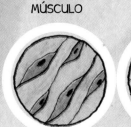

MÚSCULO	HUESO	PIEL	PAPILAS GUSTATIVAS	GRASA	NEURONAS

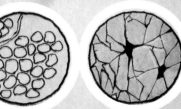

¡QUÉ DISTINTAS SON!

CÉLULAS Y GENES

Cada célula vive, come, respira, crece...

Una célula es la unidad de vida más pequeñita que existe.

... se reproduce y muere.

Además, cada célula cumple una función en nuestro cuerpo.

VIAJE AL INTERIOR DE UNA CÉLULA

1. El núcleo. Es el centro de operaciones. Aquí se encuentra el ADN.

2. El citoplasma contiene los orgánulos, que realizan las funciones propias de la célula.

¡Mira qué formas y nombres más divertidos!

Mitocondria

3. La membrana es la «piel» de la célula.

Ribosoma

Vacuola

¿SABÍAS QUE UNAS CÉLULAS VIVEN MÁS QUE OTRAS? Las neuronas duran toda la vida. Las células de los huesos, unos 30 años. Los glóbulos rojos, alrededor de 4 meses y las de la piel, ¡tan solo 3 semanas!

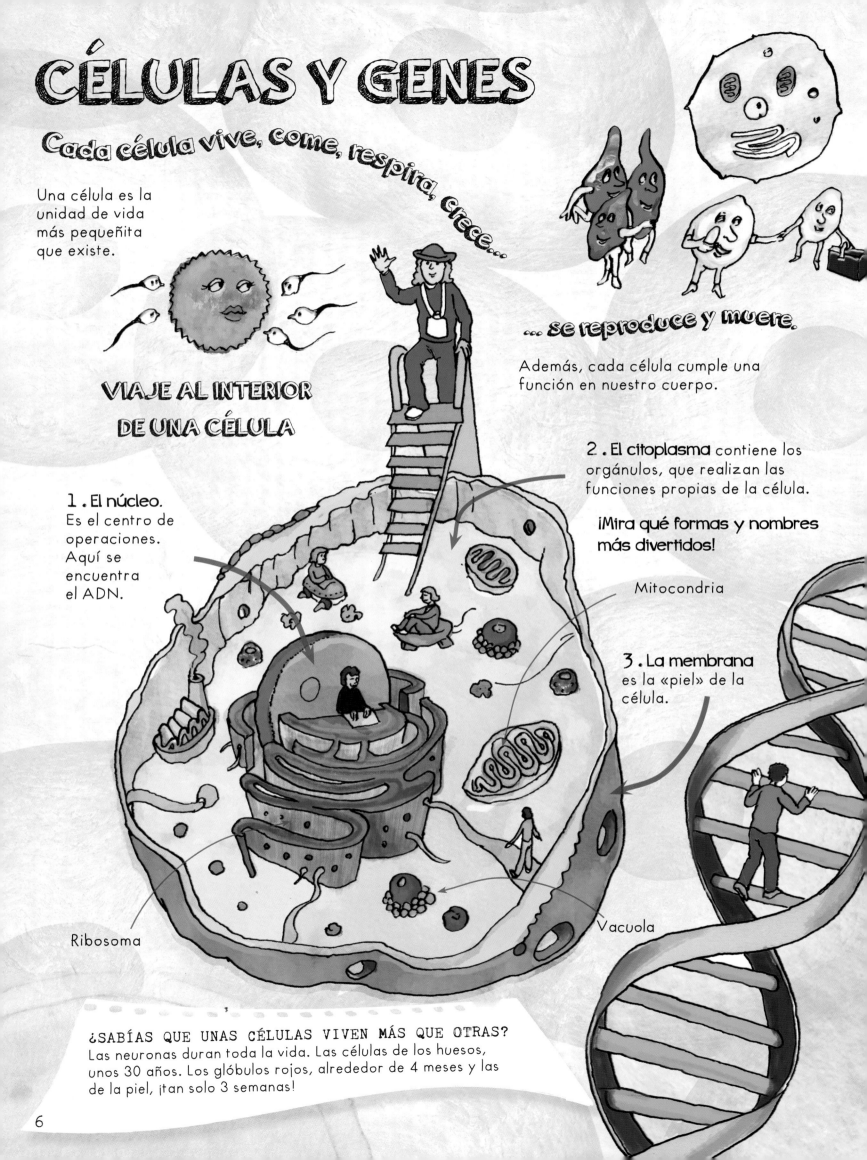

UN CÓDIGO SECRETO

¿HAS OÍDO HABLAR DEL ADN?

(ÁCIDO DE-SO-XI-RRI-BO-NU-CLEI-CO)

¡Prueba a decirlo!

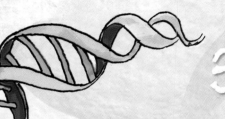

ADN

Es una cadena de sustancias químicas, como las cuentas de un collar larguísimo.

El ADN tiene forma de escalera de caracol. En su interior guarda un secreto maravilloso:

EL CÓDIGO GENÉTICO

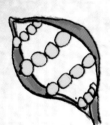

¡ES LO QUE TE HACE ÚNICO!
Cada gen contiene información sobre alguno de tus rasgos: el color de los ojos, la forma de las manos, la estatura, etc.

¿QUÉ SON LOS CROMOSOMAS?

Son como unos muñequitos pequeños y graciosos, formados por un gran rompecabezas de ADN.

CROMOSOMAS
Los seres humanos tenemos 46 cromosomas, unidos en parejas.

¡DENTRO ESTÁN NUESTROS GENES!

¿Por qué nos parecemos a papá y mamá?

Muchos de nuestros genes son iguales a los de nuestros padres porque partimos de células suyas.
Cada pareja de cromosomas tiene una parte de tu madre y otra de tu padre.
Pero por mucho que nos parezcamos...

¡NO HAY DOS PERSONAS IGUALES!

Incluso los hermanos gemelos se diferencian en algún rasgo.
Y tú... ¿a quién te pareces?

¡CORAZÓN, CORAZÓN!
LA CIRCULACIÓN

La sangre

Es el líquido vital más importante de nuestro cuerpo.
Lleva oxígeno y nutrientes a todas las células y recoge sus residuos.

El motor de tan genial hazaña es el corazón, ¡que impulsa la sangre!

¡Trabaja día y noche, sin parar, durante toda nuestra vida!

¡Qué curioso!

Tu corazón mide lo mismo que tu puño.

EL CORAZÓN

Es uno de nuestros órganos más importantes.

Los músculos del corazón se contraen y dilatan rítmicamente e impulsan la sangre hasta todos los rincones de nuestro cuerpo, como los dedos de las manos y de los pies. La sangre les lleva los nutrientes necesarios para su funcionamiento.

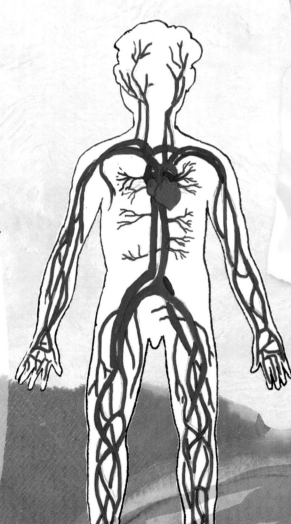

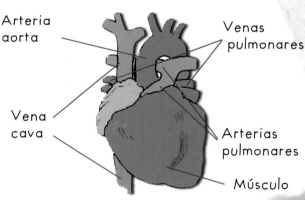

Arteria aorta

Venas pulmonares

Vena cava

Arterias pulmonares

Músculo

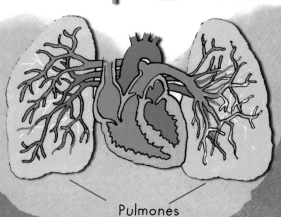

Pulmones

UNA MÁQUINA PERFECTA
El corazón mueve entre 3 y 5 litros de sangre cada minuto. Nunca para, aunque no nos demos cuenta.

¡ESCÚCHALO!

Si colocas la oreja en el pecho de una persona, oirás sus latidos. Los médicos los escuchan con el estetoscopio.

El **pulso** es como un «eco» de los latidos del corazón. ¿Has contado cuántos latidos tienes en un minuto? Los niños suelen tener unos 90, pero si estás haciendo deporte seguro que son más.

1. La **sangre** pobre en oxígeno llega al corazón desde todo el cuerpo por las venas.

3. Esta es la **arteria pulmonar**; se bifurca para llegar a los dos pulmones.

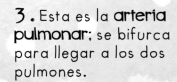

4. La sangre regresa al corazón cargada de **oxígeno**.

5. Y desde el ventrículo izquierdo sale impulsada hacia todo el cuerpo a través de la **arteria aorta**.

2. El **ventrículo** derecho del corazón impulsa la sangre hacia los pulmones.

¿QUÉ ES LA TENSIÓN ARTERIAL?

Es la fuerza que ejerce la sangre contra las arterias. Se mide con el tensiómetro y si da un resultado muy alto o muy bajo puede ser peligroso para la salud.

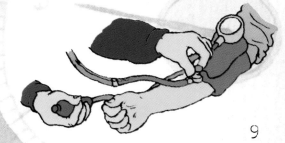

¿CÓMO SE BOMBEA LA SANGRE?

Cada lado del corazón tiene dos cámaras: una **aurícula** y un **ventrículo**. Están comunicadas por unas válvulas que se abren y se cierran, como unas puertecitas, dejando pasar la sangre de la aurícula al ventrículo y cuidando que fluya en un único sentido. El sonido que provocan al cerrarse son los latidos que escuchamos.

EL VIAJE DE LA SANGRE

UN LARGO RECORRIDO

La sangre no está suelta en nuestro interior y además nunca está quieta. Viaja por una larguísima red de tubos, como los túneles del metro: los vasos sanguíneos.

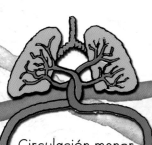

RECORRE DOS CIRCUITOS.

Circulación menor

Circulación mayor

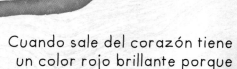

Cuando sale del corazón tiene un color rojo brillante porque va bien oxigenada.

Cuando vuelve por las venas, su color es rojo oscuro o azulado, debido a la falta de oxígeno.

PULMONES QUE PURIFICAN

Inspiramos y los pulmones se llenan de aire rico en oxígeno. La sangre pasa por allí continuamente para recogerlo y dejar los residuos.

Estos son los vasos sanguíneos.

LAS ARTERIAS llevan la sangre limpia a todo el cuerpo, con el oxígeno que necesitan las células para trabajar.

LAS VENAS transportan la sangre sin oxígeno y también los residuos.

LOS CAPILARES sirven para realizar el intercambio de gases entre la sangre y las células: oxígeno por dióxido de carbono.

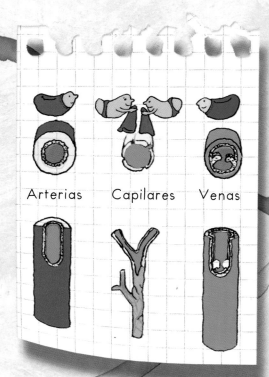

Arterias   Capilares   Venas

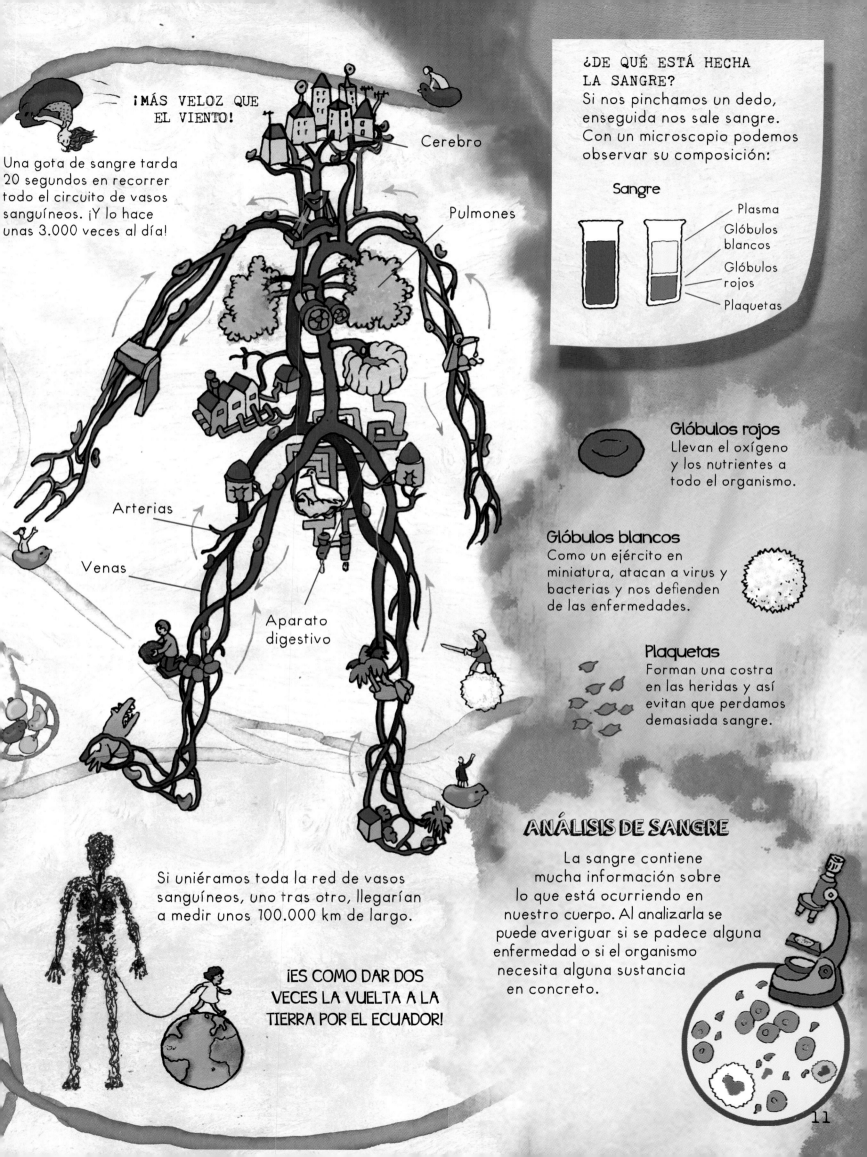

¡MÁS VELOZ QUE EL VIENTO!

Una gota de sangre tarda 20 segundos en recorrer todo el circuito de vasos sanguíneos. ¡Y lo hace unas 3.000 veces al día!

Cerebro

Pulmones

Arterias

Venas

Aparato digestivo

Si uniéramos toda la red de vasos sanguíneos, uno tras otro, llegarían a medir unos 100.000 km de largo.

¡ES COMO DAR DOS VECES LA VUELTA A LA TIERRA POR EL ECUADOR!

¿DE QUÉ ESTÁ HECHA LA SANGRE?

Si nos pinchamos un dedo, enseguida nos sale sangre. Con un microscopio podemos observar su composición:

Sangre

Plasma
Glóbulos blancos
Glóbulos rojos
Plaquetas

Glóbulos rojos
Llevan el oxígeno y los nutrientes a todo el organismo.

Glóbulos blancos
Como un ejército en miniatura, atacan a virus y bacterias y nos defienden de las enfermedades.

Plaquetas
Forman una costra en las heridas y así evitan que perdamos demasiada sangre.

ANÁLISIS DE SANGRE

La sangre contiene mucha información sobre lo que está ocurriendo en nuestro cuerpo. Al analizarla se puede averiguar si se padece alguna enfermedad o si el organismo necesita alguna sustancia en concreto.

11

¿RESPIRAS...? ¡Sí! ¡Estás vivo!

Respiras casi sin darte cuenta...

Respiramos automáticamente, sin pensarlo. ¡Y eso que es una de las actividades más importantes de nuestro organismo! Al respirar conseguimos el oxígeno, un gas que necesitan todas las células para funcionar.

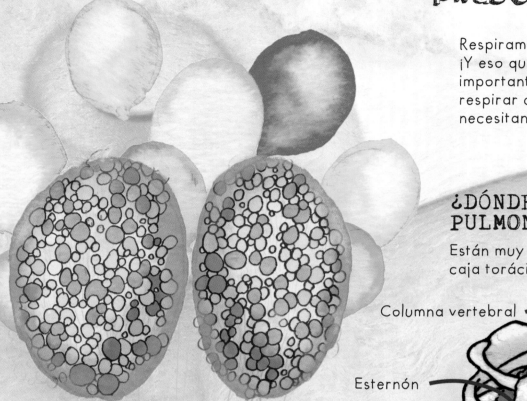

¿DÓNDE ESTÁN LOS PULMONES?

Están muy bien guardados en el interior de la caja torácica, donde las costillas los protegen.

Columna vertebral

Esternón

Costillas

Pulmones

¿CÓMO SON?

Los pulmones son dos bolsas esponjosas y elásticas, formadas por millones de pequeñas bolsitas, como burbujas: los **alveolos**. A través de ellos, el oxígeno del aire que respiramos pasa a la sangre.

El **diafragma** separa los pulmones del abdomen, pero también es un músculo fundamental para la respiración.

¿POR QUÉ NECESITAMOS OXÍGENO?

El oxígeno es necesario para todas las funciones básicas: ayuda a nuestras células a extraer la energía necesaria de los alimentos y también a eliminar los desechos que se generan con este proceso, como el dióxido de carbono (CO_2), que los pulmones se encargan de expulsar al exterior al exhalar.

LA RUTA DEL AIRE
Vías respiratorias

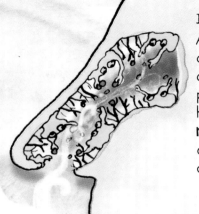

Laringe

Tráquea

Bronquios

Alveolos

Bronquiolos

DENTRO DE LA NARIZ
Aquí hay unos pelitos que filtran el aire para que no entren partículas perjudiciales. También hay algo pegajoso... ¡los mocos!, que ayudan a atrapar esas partículas dañinas.

PARA LLEGAR A LOS PULMONES, EL AIRE ENTRA POR LOS AGUJEROS DE LA NARIZ Y TERMINA EN UN LUGAR QUE ES COMO UN ÁRBOL AL REVÉS. ¿SABES CUÁL ES?

EL ÁRBOL BRONQUIAL

¡Mira qué bonito es! Sus ramas, cada vez más estrechas, distribuyen el aire por todos los pulmones.

Imagina qué pasaría si dejaras de respirar 5 minutos. ¡Tus células se quedarían sin oxígeno y no podrían funcionar!

ASÍ RESPIRAN LAS CÉLULAS

CAMBIO POR

DIÓXIDO DE CARBONO

OXÍGENO

LOS ALVEOLOS

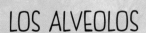
¿RECUERDAS?

Son los encargados de desechar el dióxido de carbono y coger el oxígeno del aire que respiramos.

Como si fueran cromos, los glóbulos rojos de nuestra sangre intercambian gases con el aire que viene del exterior. Lo hacen aquí, en los alveolos pulmonares.

MÁS SOBRE EL AIRE QUE RESPIRAS

¡Siente tu respiración!

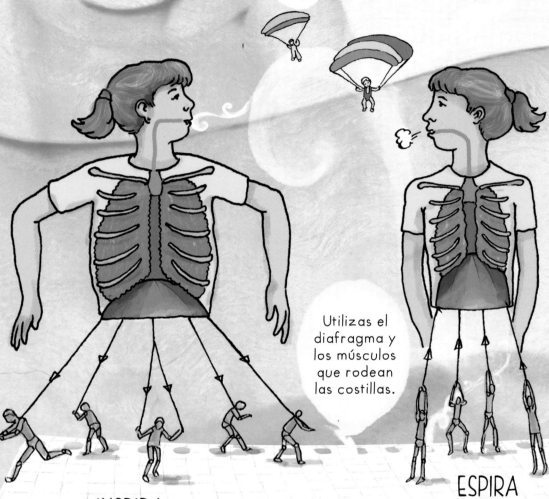

Si pones las manos a los lados de tus costillas, notarás cuando entra y sale el aire. Inspira profunda y lentamente...

Utilizas el diafragma y los músculos que rodean las costillas.

INSPIRA
Tu tórax se hincha, se abren tus costillas y los pulmones se llenan.

ESPIRA
Tu tórax se deshincha, se cierran tus costillas y los pulmones se vacían.

Cuando inhalas baja el diafragma

Cuando exhalas sube.

EL DIAFRAGMA
Es un músculo con forma de paracaídas que se contrae y dilata continuamente. Así ayuda a los pulmones a llenarse y vaciarse de aire.

HABLAR Y CANTAR

No solo usamos el aire para respirar.

¡LA LAAA!

NO SIEMPRE RESPIRAMOS IGUAL
Cuando bailamos, respiramos muy deprisa.
Cuando paseamos, la respiración es relajada.
Cuando dormimos, es muy lenta y profunda. Los músculos se relajan tanto que, a veces, ¡hasta roncamos!

CUERDAS VOCALES
Tenemos un precioso instrumento musical en nuestra laringe. Estas cuerdas se abren y cierran cuando el aire las atraviesa. Así nos sale la voz.

EL TABACO
Tiene muchas sustancias tóxicas que se van acumulando en los pulmones y los enferman.

¿POR QUÉ ESTORNUDAMOS?
Cuando algo nos irrita la nariz, expulsamos el aire a casi ¡100 km por hora!, la velocidad a la que van los coches por la carretera.

¿QUÉ PASA CUANDO...?

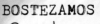

BOSTEZAMOS
Cuando bostezamos abrimos la boca muuuy grande y tomamos muuucho aire. Podemos hacerlo por cansancio, por aburrimiento, por hambre o al ver bostezar a otra persona. ¿Sabías que el bostezo es contagioso?

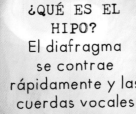

HIP

HIP

HIP

¿QUÉ ES EL HIPO?
El diafragma se contrae rápidamente y las cuerdas vocales se cierran sin que las controlemos.

15

¿TIENES HAMBRE?

¡A COMEEER!

Tu cuerpo te avisa de que es hora de reponer energía. Debes cargar combustible, como los coches.

¿Te vienes a montar en patata frita?

¡LA BOCA
es una trituradora!

Este tubo es muy largo. Empieza en la **boca** y termina en el **ano**.

DE ESTACIÓN EN ESTACIÓN

Nuestro combustible

1. Los **dientes** mastican. La **lengua** y la **saliva** hacen una masa pastosa y fácil de tragar.

2. Pasa por la **garganta** y enseguida llega al esófago.

3. El **esófago** es un tobogán y además sus músculos empujan hacia abajo. La comida se ha convertido en un **bolo alimenticio**.

5. El **intestino delgado** es como un laberinto larguísimo, ¡mide entre 5 y 7 metros! Aquí se absorben los nutrientes de los alimentos.

¿CÓMO LO HACE?
En sus paredes hay unos pelitos que hacen que estos pasen a la sangre.

Apéndice

16

UNA FÁBRICA DE NUTRIENTES

El **tubo digestivo** se encarga de digerir los alimentos. Los deshace en trozos tan pequeñitos que ni se ven. La sangre absorbe los «nutrientes» y los lleva como alimento a todas tus células.
LO QUE NO SIRVE SE TRANSFORMA EN DESECHOS.

... son los alimentos que tomamos.

¡Agárrate fuerte!

APARATO DIGESTIVO

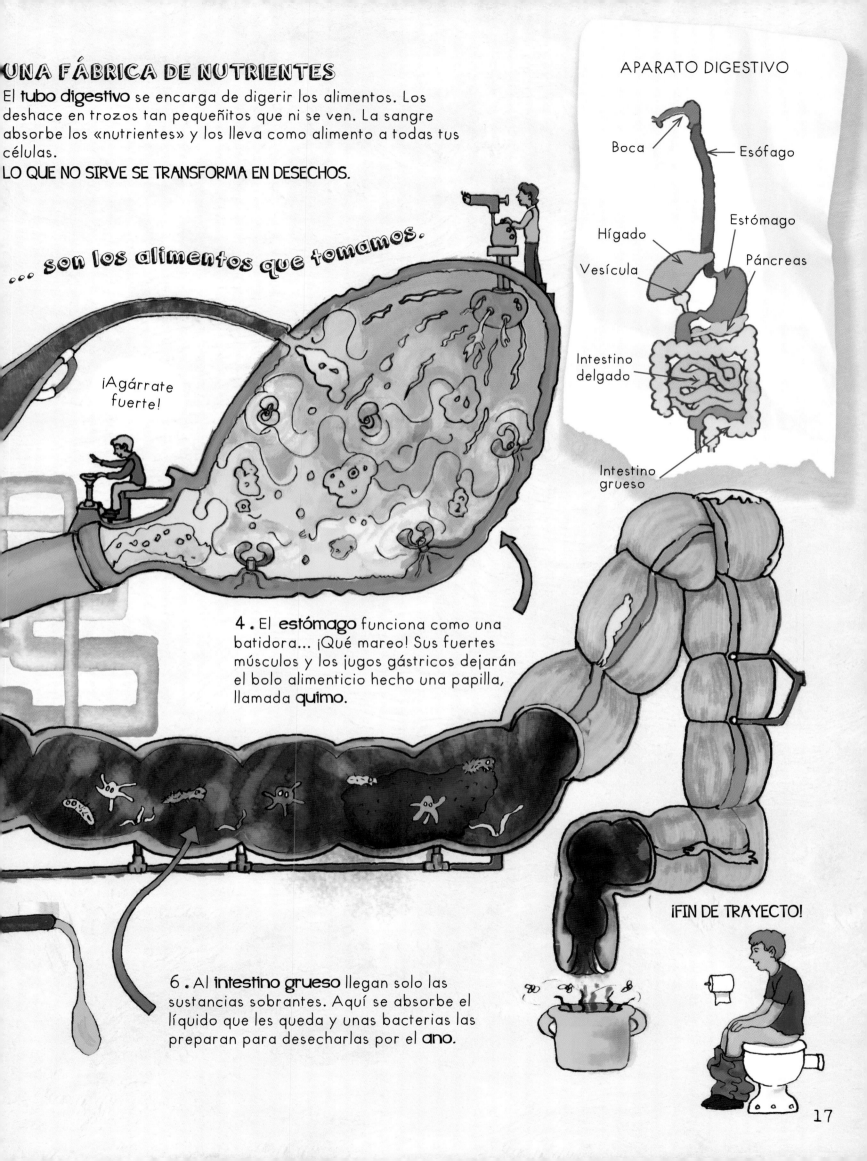

Boca

Esófago

Hígado

Estómago

Vesícula

Páncreas

Intestino delgado

Intestino grueso

4. El **estómago** funciona como una batidora... ¡Qué mareo! Sus fuertes músculos y los jugos gástricos dejarán el bolo alimenticio hecho una papilla, llamada **quimo**.

¡FIN DE TRAYECTO!

6. Al **intestino grueso** llegan solo las sustancias sobrantes. Aquí se absorbe el líquido que les queda y unas bacterias las preparan para desecharlas por el **ano**.

LIMPIEZA Y PUESTA A PUNTO

Estos órganos ayudan a disolver y filtrar los alimentos.

EL HÍGADO
¡ES EL ÓRGANO INTERNO MÁS GRANDE DE NUESTRO CUERPO!

Realiza unas 700 funciones: filtra, limpia y mantiene en buen estado la sangre.

Hay desechos que no se eliminan con las heces, como las toxinas.

Fabrica sustancias que necesitamos para vivir, como proteínas y glucosa.

Funciona como almacén: guarda vitaminas y azúcares para que estén disponibles cuando se necesiten.

LA VESÍCULA BILIAR
En esta bolsita se almacena la bilis. Es un líquido que llega al intestino delgado para ayudar a disolver las grasas de los alimentos.

EL PÁNCREAS

Este órgano también ayuda a disolver las grasas en el intestino delgado gracias a los jugos que produce.

EL PÁNCREAS FABRICA LA INSULINA. Es un líquido muy importante, pues permite a la glucosa, el alimento de las células, entrar en ellas para que estas puedan obtener la energía que necesitan para funcionar.

¿Has oído hablar de la **diabetes**? Esta enfermedad se produce si no tenemos suficiente insulina.

Insulina

Glucosa

Son muy trabajadores: filtran la sangre unas **25 VECES AL DÍA.**

LOS RIÑONES

¡Otra joyita de nuestro organismo!

Se encargan de limpiar la sangre: seleccionan los nutrientes, extraen los residuos y los eliminan por la orina.

Además se encargan de que la sangre siempre contenga la misma cantidad de agua.

EL URÉTER

LA VEJIGA

Es una bolsa elástica que se va llenando de orina.

¿CÓMO HACEMOS PIPÍ?

La orina viaja desde los riñones hasta la vejiga por el uréter. Allí se almacena hasta que está bastante llena; entonces nos dan ganas de hacer pis.

CUIDA Y MIMA TU CUERPO
¡A TODO VAPOR!

¿Sabes lo que necesitas para funcionar bien?

UNAS PEQUEÑAS PAUTAS PARA CUIDAR TU SALUD

MANTENTE EN FORMA
Lleva una vida activa.
Haz ejercicio, juega al aire libre, camina mucho, evita subir en ascensor... La actividad física tiene muchas propiedades importantísimas para una buena salud.

SIEMPRE LIMPIO
La higiene es esencial para prevenir infecciones.
Lávate las manos varias veces al día y los dientes después de las comidas.

DUERME BIEN
¡Al menos 8 horas!
Recuperarás la energía perdida y tu mente funcionará mejor.

¡Lleva una vida activa!

Verás que la mayoría de estos consejos son fáciles de seguir si los conviertes en hábitos. Antes de lo que piensas, los harás sin ningún esfuerzo. ¡Vale la pena!

RECUPERA ENERGÍA

Come un poco de todo.
Bueno, sano y variado.
En esta pirámide verás
qué alimentos debes
comer y con qué
frecuencia para seguir
una dieta equilibrada.

Alguna vez al mes

Varias veces a la semana

Tomar todos los días

Bebe entre 1'5 y 2 litros de agua al día.

¿CUÁL PREFIERES TÚ?

PRACTICA ALGÚN DEPORTE

Dos o tres veces a la semana.
Aprenderás a conocer tu cuerpo y
podrás superar tus metas día a día. Y por
supuesto, te ayudará a estar en forma.
Los hay para todos los gustos: natación,
salir a correr, gimnasia, atletismo, baile,
escalada, tenis...

VISITA AL MÉDICO

Las revisiones médicas hay que
hacerlas de vez en cuando, así
un doctor puede ver que todo
marcha bien en tu cuerpo.
También hay que ir al centro de
salud cuando tenemos síntomas
de alguna enfermedad, para que
nos indiquen cómo curarnos.

OTRAS MEDICINAS

Algunas personas acuden
a los **remedios naturales**
para mejorar su salud. Las
propiedades de las plantas y de
los alimentos pueden ayudarnos
a mantenernos en un buen
estado físico.

¡SALUD!

EL CUERPO EN MOVIMIENTO
EL APARATO LOCOMOTOR

¡Más perfecto que el más sofisticado de los robots!

LO COMPONEN...
HUESOS, MÚSCULOS Y ARTICULACIONES

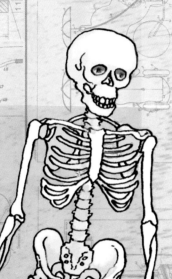

EL ESQUELETO
Es el conjunto de todos tus huesos. Estos forman un armazón que sujeta tu cuerpo. Sin él, serías como una masa sin forma y no podrías andar ni mantenerte erguido.

Te permite realizar movimientos...

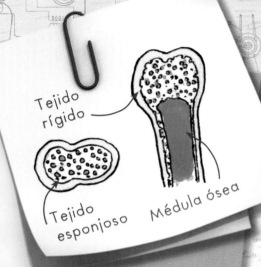

Tejido rígido

Tejido esponjoso

Médula ósea

¿CÓMO SON LOS HUESOS?
Por fuera son rígidos y muy resistentes; por dentro, esponjosos. En su interior tienen una sustancia llamada **médula ósea**, que produce las células sanguíneas: los glóbulos rojos, los blancos y las plaquetas.

LOS HUESOS
CONTIENEN CALCIO
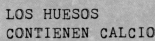
Es muy importante hacer algún deporte y tomar alimentos ricos en calcio para mantener los huesos bien fuertes y sanos: leche, yogur, nueces, acelgas, brócoli, queso, pescado, sésamo...

¿CÓMO ES TU ESQUELETO?

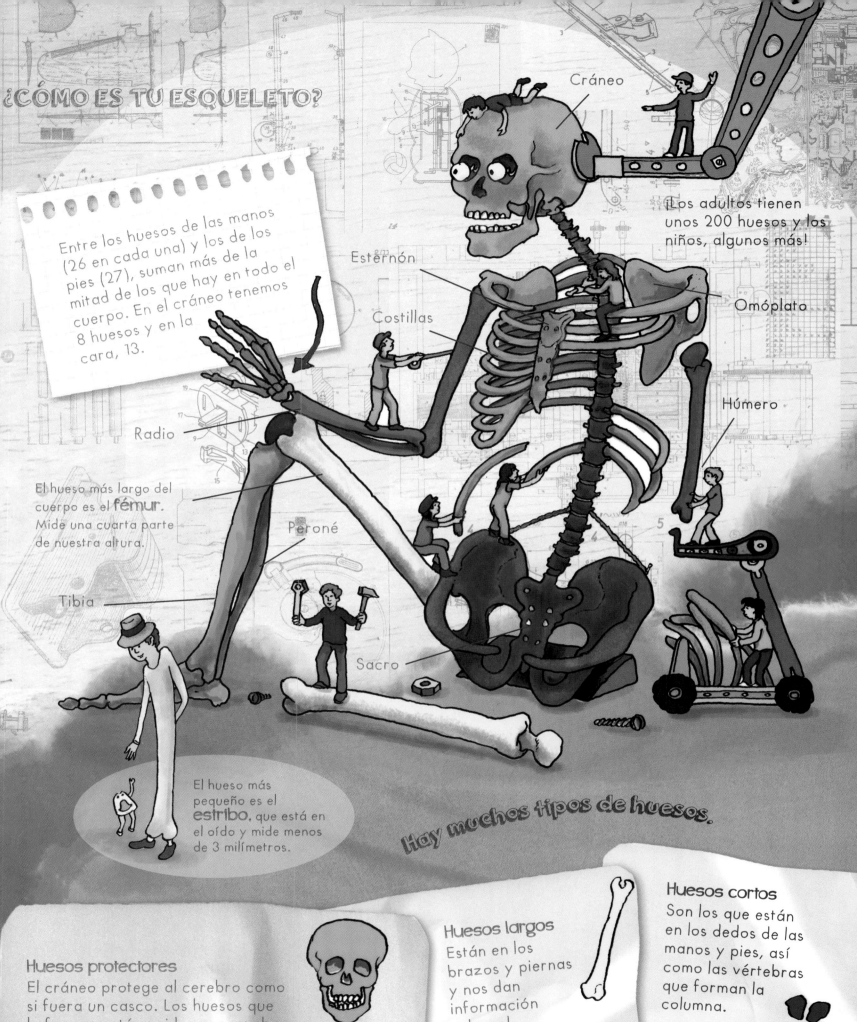

Entre los huesos de las manos (26 en cada una) y los de los pies (27), suman más de la mitad de los que hay en todo el cuerpo. En el cráneo tenemos 8 huesos y en la cara, 13.

¡Los adultos tienen unos 200 huesos y los niños, algunos más!

Cráneo

Esternón

Costillas

Omóplato

Húmero

Radio

El hueso más largo del cuerpo es el **fémur**. Mide una cuarta parte de nuestra altura.

Peroné

Tibia

Sacro

El hueso más pequeño es el **estribo**, que está en el oído y mide menos de 3 milímetros.

Hay muchos tipos de huesos.

Huesos protectores

El cráneo protege al cerebro como si fuera un casco. Los huesos que lo forman están unidos con mucha fuerza.

Las **costillas**, junto con el **esternón**, protegen muchos órganos vitales, como los pulmones y el corazón.

Huesos largos

Están en los brazos y piernas y nos dan información sobre el crecimiento. El húmero, el fémur, la tibia y el peroné son algunos de ellos.

Huesos cortos

Son los que están en los dedos de las manos y pies, así como las vértebras que forman la columna.

FUERTE Y FLEXIBLE
Músculos y articulaciones

La mayoría de los huesos se unen gracias a... ¡LAS ARTICULACIONES!
Son las responsables de que puedas doblar o girar muchas partes de tu cuerpo. Están provistas de sustancias blandas o líquidas que facilitan el movimiento a la vez que amortiguan el impacto en los huesos.

Funcionan de varias formas:

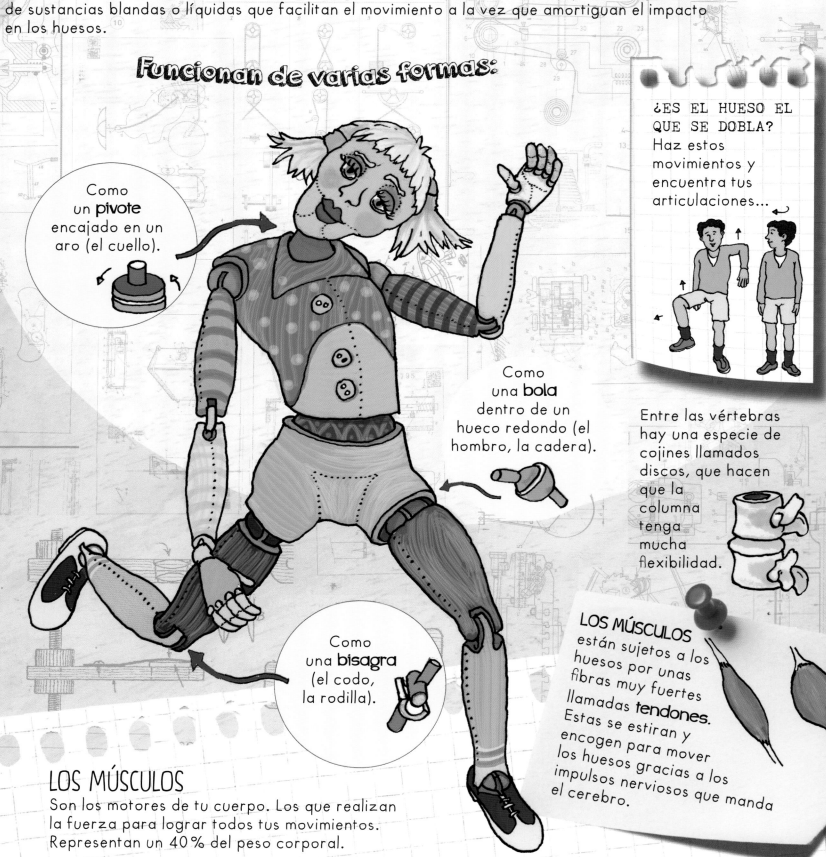

Como un **pivote** encajado en un aro (el cuello).

Como una **bola** dentro de un hueco redondo (el hombro, la cadera).

Como una **bisagra** (el codo, la rodilla).

¿ES EL HUESO EL QUE SE DOBLA? Haz estos movimientos y encuentra tus articulaciones...

Entre las vértebras hay una especie de cojines llamados discos, que hacen que la columna tenga mucha flexibilidad.

LOS MÚSCULOS están sujetos a los huesos por unas fibras muy fuertes llamadas **tendones**. Estas se estiran y encogen para mover los huesos gracias a los impulsos nerviosos que manda el cerebro.

LOS MÚSCULOS
Son los motores de tu cuerpo. Los que realizan la fuerza para lograr todos tus movimientos. Representan un 40 % del peso corporal.

MÁS DE 600 MÚSCULOS
¡¡Enciendan motores!!

¿Puedes notar tus músculos?

PAREJA DE MÚSCULOS
Al flexionar y extender el brazo, el bíceps y el tríceps se coordinan para trabajar juntos. El bíceps se contrae cuando flexionas y el tríceps se estira; ocurre lo contrario cuando extiendes tu brazo.

¡Echar un pulso!
Cuando echas un pulso con un amigo, tu bíceps se contrae y ejerce mucha fuerza. Lo notarás porque se pone muy duro y forma una «montañita» sobre tu brazo. El tríceps, en cambio, se relaja.

¡HAZ MUECAS!
En la cara hay más de 100 músculos y cuando sonríes utilizas unos 30.

Al moverse, los músculos se calientan. Por eso tienes calor después de correr o hacer ejercicio.

La lengua es toda músculo. ¡TIENE 17!

EL CEREBRO ES EL QUE ORDENA QUE LOS MÚSCULOS TRABAJEN, AUNQUE A VECES NO NOS DAMOS CUENTA.

Movimientos voluntarios
Te ayudan a moverte y los haces cuando los consideras oportunos (para andar, coger un objeto, manejar una herramienta...)

Movimientos involuntarios
Los músculos del corazón bombean la sangre; los del estómago y los intestinos digieren la comida... ¡Funcionan aunque estés dormido y realizan funciones vitales!

EL GRAN JEFE

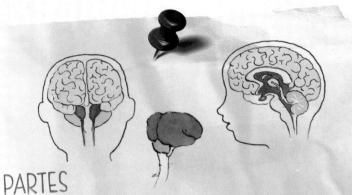

PARTES DEL ENCÉFALO:

1. El **cerebro** es el responsable de la inteligencia, la percepción, el lenguaje...

2. El **cerebelo** se encarga de la coordinación muscular y la postura.

3. El **tronco cerebral** une el cerebro con la médula espinal. Controla funciones tan básicas como la respiración o la circulación de la sangre.

EL CEREBRO

Es el centro de control de nuestro cuerpo. Desde aquí se dirige y coordina el funcionamiento de los órganos, el pensamiento y la percepción.

Audición

Sensitiva

Motora

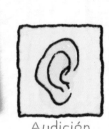

Visión

Habilidades cognitivas y pensamiento

Habla

Memoria y aprendizaje

Comportamiento y emociones

¡Este órgano tan maravilloso solo pesa 1,3 Kg!

Coordinación y equilibrio

E-LEC-TRO-EN-CE-FA-LO-GRA-MA

LOS DOS HEMISFERIOS DEL CEREBRO

EL IZQUIERDO dirige las actividades más ordenadas, como leer, escribir y el pensamiento matemático.

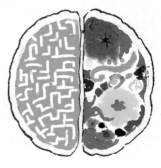

EL DERECHO se encarga del área de la imaginación y actividades artísticas.

PIENSA...

¡Cada área del cerebro tiene una misión!

¿HAS TOCADO UN SUEÑO?

¿PUEDES VER UN RECUERDO?

EL CEREBRO

tiene varios miles de millones de neuronas, que son las células nerviosas. Estas no pueden multiplicarse como las células de otras partes del cuerpo, por lo que si se estropean son irreemplazables.

SE PUEDE ANALIZAR LA ACTIVIDAD DEL CEREBRO CON UN ELECTROENCEFALOGRAMA Y SE VEN:

Ondas alfa: cuando estás despierto y tranquilo.

Ondas beta: cuando estás concentrado haciendo los deberes.

Ondas delta: cuando duermes.

EL **87 %** DEL CEREBRO ESTÁ COMPUESTO DE AGUA.

¡MANOJO DE NERVIOS!
EL SISTEMA NERVIOSO

Su misión es controlar las acciones, movimientos, pensamientos y procesos que ocurren en el organismo. Lo componen los nervios, la médula espinal y el encéfalo.

Es una gran red de comunicaciones.

MILES DE MENSAJES ENTRAN Y SALEN DEL CEREBRO A TRAVÉS DE LOS NERVIOS.

EL CEREBRO Y LA MÉDULA ESPINAL trabajan juntos en el centro de operaciones. Son el «ordenador» del cuerpo.

SISTEMA NERVIOSO

Médula espinal

Encéfalo

Nervios

LOS NERVIOS son los cables por donde se transmiten los mensajes que reciben los órganos responsables de los sentidos. Y llegan a los sitios más remotos del cuerpo.

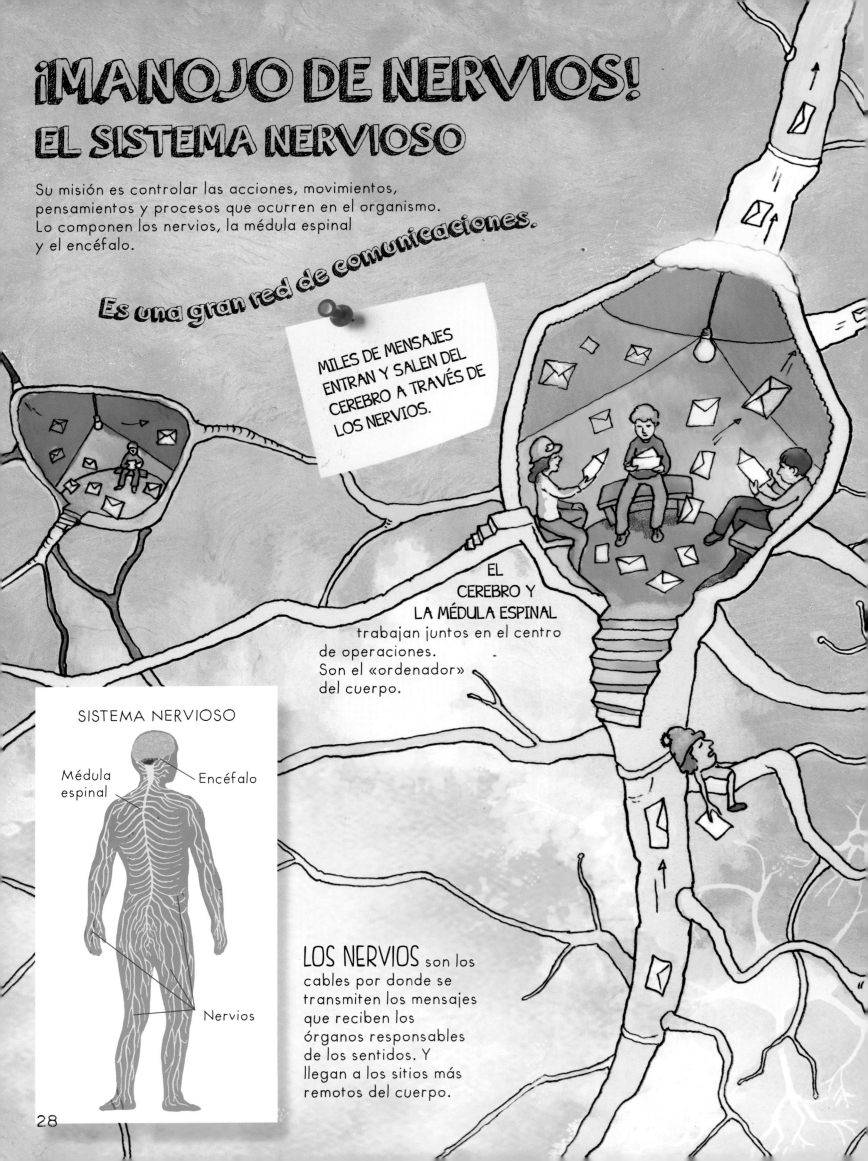

28

LAS NEURONAS

Las células del sistema nervioso se comunican con otras células del cuerpo para transmitir y recibir información. Funcionan como impulsos eléctricos.

¿CÓMO TRABAJAN?

Las neuronas se organizan en «redes neuronales».

¿CÓMO ES UNA NEURONA?

El cuerpo de la neurona se llama **soma**.

El **axón** es una especie de cola.

Las ramificaciones se llaman **dendritas** y reciben las señales de otras células.

Tiene forma de araña.

Además, ¡SON INTELIGENTES! Saben elegir los mensajes para transmitirlos.

Cuando dos neuronas se comunican, se dice que se produce una **SINAPSIS**.

Para que la señal nerviosa pase de una célula a otra son necesarios los neurotransmisores, que son unas sustancias químicas.

HAY DIFERENTES TIPOS DE NEURONAS: ¡Mira qué bonitas son!

Bipolar   Multipolar   Unipolar   Piramidal

¡MÁGICAS SINAPSIS!

Si pudieras ver a las neuronas en funcionamiento, te parecerían como las luces del árbol de Navidad: muchos pequeños destellos que se encienden y se apagan al momento.

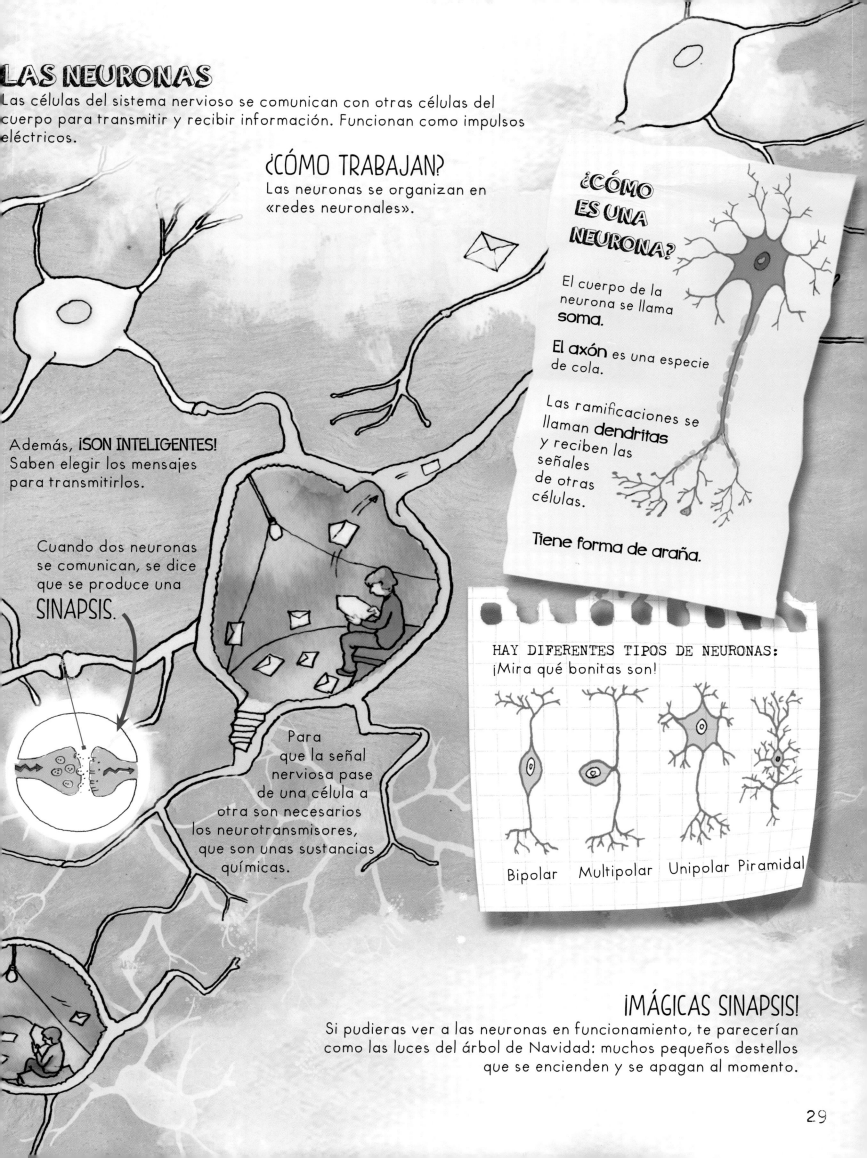

29

UN MUNDO DE SENSACIONES

LOS SENTIDOS

Gracias a ellos conocemos todo lo que nos rodea, son nuestras herramientas principales para interactuar con el mundo exterior.

LA VISTA
Ves el mundo a través de tus ojos.

Cinco sentidos para percibir el mundo.

EL OÍDO
Con los oídos percibes los sonidos.

EN TU LENGUA se encuentran las papilas gustativas. Con ellas detectas el gusto de los alimentos.

EL GUSTO
Es el que te hace sentir los sabores.

DENTRO DE LA CAVIDAD NASAL hay unos receptores con los que podemos distinguir más de 3.000 olores.

EL OJO humano tiene forma de globo. Solo es visible una parte, el resto se encuentra protegido dentro del cráneo.

EL OLFATO
Tu nariz percibe los olores.

LAS OREJAS son la parte externa del oído y tienen forma de radar. Así captan mejor las ondas sonoras y nos permiten oír y diferenciar los sonidos.

CON EL TACTO distingues lo suave y lo áspero, lo caliente y lo frío, lo duro y lo blando... También la forma y el tamaño de los objetos.

EL TACTO
A lo largo y ancho de toda tu piel se encuentra el sentido del tacto.

31

¡VEO, VEO! ¿QUÉ VES?

El mundo al revés

¿Cómo funciona el ojo humano?

¡COMO UNA CÁMARA DE FOTOS!

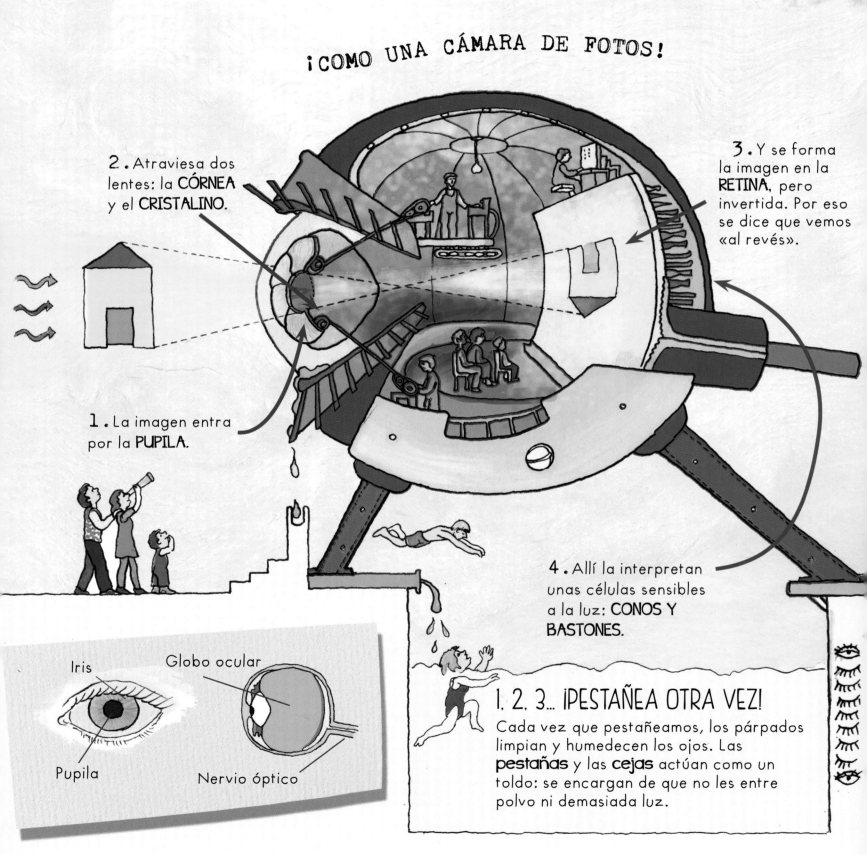

2. Atraviesa dos lentes: la **CÓRNEA** y el **CRISTALINO.**

1. La imagen entra por la **PUPILA.**

3. Y se forma la imagen en la **RETINA,** pero invertida. Por eso se dice que vemos «al revés».

4. Allí la interpretan unas células sensibles a la luz: **CONOS Y BASTONES.**

Iris

Globo ocular

Pupila

Nervio óptico

1, 2, 3... ¡PESTAÑEA OTRA VEZ!

Cada vez que pestañeamos, los párpados limpian y humedecen los ojos. Las **pestañas** y las **cejas** actúan como un toldo: se encargan de que no les entre polvo ni demasiada luz.

Las pupilas son las puertas de los ojos.

Se abren y cierran... ¡Haz la prueba!
Coge una linterna y ponte frente a un espejo, acerca y aleja la luz.
Observa qué ocurre con tus pupilas. Se agrandan y se encogen.
Así regulan la cantidad de luz que entra en el ojo.

5. Desde la retina, la imagen se transmite al cerebro a través del nervio óptico.

COLOR DE OJOS

Depende de un pigmento llamado **melanina**.
Cuanta más melanina tenga tanto el pelo, como la piel y el iris de los ojos, más oscuros resultan ser.
Los ojos oscuros son los más pigmentados, mientras que los claros contienen menos pigmento.

6. Es el cerebro el encargado de interpretar bien la imagen.

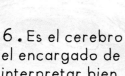

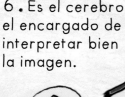

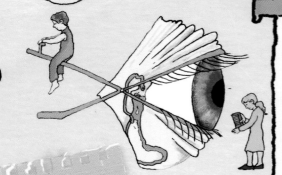

Pestañeamos unas 15 veces por minuto, y lo hacemos sin pensar.

¿PARA QUÉ SIRVEN LAS GAFAS?

A algunas personas les cuesta ver bien las imágenes que están cerca o las que están lejos.

¿POR QUÉ?

Las dos lentes del ojo, la córnea y el cristalino, hacen que la imagen se forme justo en la retina, que es como una pantalla. Si se forma por delante o por detrás, veremos borroso.
Las gafas ajustan el enfoque, para que la imagen se forme correctamente.

¡OYE, TÚ!
EL SONIDO VIAJERO

El sonido viaja en forma de ondas sonoras. Necesita del aire para hacerlo vibrar, es así como se transmite. También puede viajar por el agua o por cualquier material que vibre. Sin embargo, no puede transmitirse en el vacío, por eso en el espacio no hay sonido.

1. **Las ondas sonoras** entran por nuestra oreja.

3. **Llegan al tímpano:** una membrana muy fina, como el parche de un tambor. Este comienza a vibrar y transmite las vibraciones a los **huesecillos** del oído, que a su vez las transmiten al **caracol**.

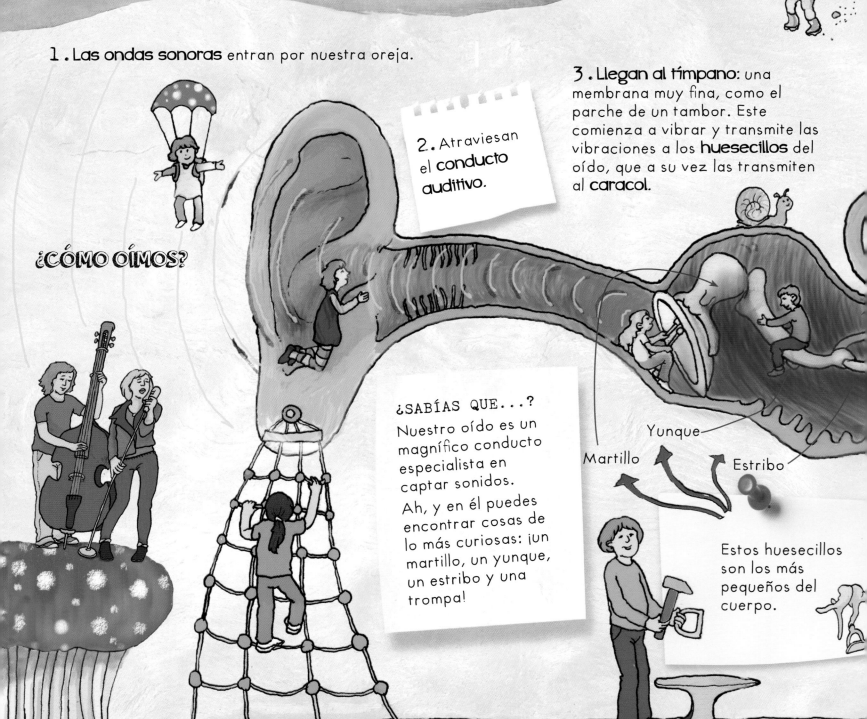

2. Atraviesan el **conducto auditivo**.

¿CÓMO OÍMOS?

¿SABÍAS QUE...?
Nuestro oído es un magnífico conducto especialista en captar sonidos.
Ah, y en él puedes encontrar cosas de lo más curiosas: ¡un martillo, un yunque, un estribo y una trompa!

Yunque

Martillo

Estribo

Estos huesecillos son los más pequeños del cuerpo.

34

Tiene tres partes:

OÍDO MEDIO:
tímpano, huesecillos y trompa de Eustaquio.

OÍDO INTERNO:
cóclea, canales semicirculares y nervios auditivos.

OÍDO EXTERNO:
oreja y conducto auditivo externo.

¿CÓMO...? ¿TAMBIÉN TENEMOS UN CARACOL?
Sí, con la forma que tiene, ¡no se le podía dar otro nombre!

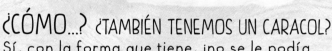

NO SOLO PARA OÍR
El oído también nos ayuda a mantener el equilibrio. Si te colocas cabeza abajo o cambias de posición, aunque cierres los ojos, siempre sabrás dónde está el suelo. En los conductos del oído interno hay un líquido que, al moverse, indica al cerebro cuál es la posición de tu cuerpo.

4. A este caracol también se le llama **cóclea** y es el órgano que envía las señales al cerebro. Tiene forma enroscada, de ahí su nombre, y está lleno de líquido.

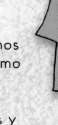

¡Cuida tus oídos!

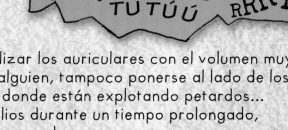

Como no podemos cerrar los oídos como cerramos los ojos, es importante protegerlos de los ruidos muy fuertes y estridentes. No conviene utilizar los auriculares con el volumen muy alto ni gritar en la oreja de alguien, tampoco ponerse al lado de los altavoces en un concierto o donde están explotando petardos... Si superamos los 100 decibelios durante un tiempo prolongado, corremos el riesgo de padecer sordera.

¿TE APETECE?

El gusto y el olfato van de la mano para que puedas sentir los sabores.

OLFATO

Hay narices y narices...
Diferentes por fuera,
igualitas por dentro.

En las fosas nasales tenemos unos 20 millones de pelitos minúsculos que captan los olores del aire.

La boca es el reino del

GUSTO

La digestión comienza en la BOCA.

En cada zona de la LENGUA se distingue un sabor.

Se me hace la boca agua...

Cuando comes, segregas **SALIVA** para empezar a digerir los alimentos.

¿TE HA PASADO?
Si ves o hueles una comida rica, tus glándulas salivales producen saliva. Se preparan para el gran festín.

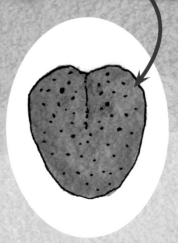

Este olor me recuerda a...

Los olores se guardan en la memoria, por eso puedes reconocer muchas cosas por su olor.
Y a menudo nos traen recuerdos a la mente: el olor de un perfume recuerda a la persona que lo lleva, el aroma de unas flores, a un paseo por el campo...

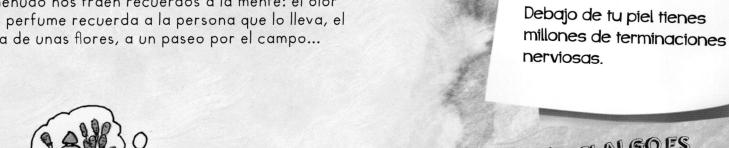

TACTO

Debajo de tu piel tienes millones de terminaciones nerviosas.

TOCANDO SABRÁS SI ALGO ES...

SUAVE O ÁSPERO

LISO O RUGOSO

FRÍO O CALIENTE

SI SOBRESALE O SE HUNDE

¿A QUÉ SABE?

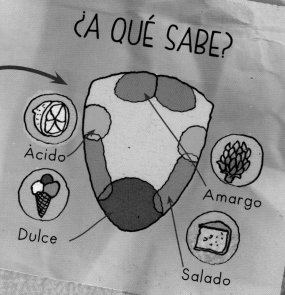

Àcido

Dulce

Amargo

Salado

ERES ÚNICO

Busca tinta y un papel, es todo lo que necesitas para imprimir tu huella dactilar. No hay dos iguales en el mundo, por eso se pone en el DNI y el pasaporte.

SACA LA LENGUA

¿QUÉ VES?

Tiene unos pequeños granitos en su superficie: las papilas gustativas. Ahí están las terminaciones nerviosas que transmiten al cerebro el sabor que han detectado.

¿SABÍAS QUE SE PUEDE LEER CON LOS DEDOS?

La yema de los dedos es una de las partes más sensibles del cuerpo. A través de ellas, las personas invidentes pueden interpretar un lenguaje basado en formas en relieve sobre el papel.

JUEGA CON TUS SENTIDOS

LA VISTA es el sentido que más usamos. Puedes jugar con tus amigos a prescindir de ella y así poner a prueba los otros cuatro.

¡Comienza tapándote los ojos con un pañuelo!

¡1, 2, 3... ADIVINA QUÉ ES!

Alguien llena una bolsa con objetos que los demás no ven. El juego consiste en ir sacándolos y descubrir qué son, valiéndose solo del sentido del **TACTO**.

ESTO HUELE A...

Ahora debes oler distintos aromas de objetos de todo tipo, y tratar de descubrir de qué se trata usando solo el **OLFATO**.

¡No es lo que parece!

¿TE ANIMAS A CONSTRUIR UNA JAULA CON UN PÁJARO?

Sobre un cartón, dibuja un pájaro y por el otro lado, una jaula.
Ata un cordón por arriba y por abajo y hazlo girar velozmente.
¿Ves el pájaro dentro de la jaula?
Esto ocurre porque el cerebro no llega a borrar una imagen cuando le viene la siguiente, así que se juntan las dos.

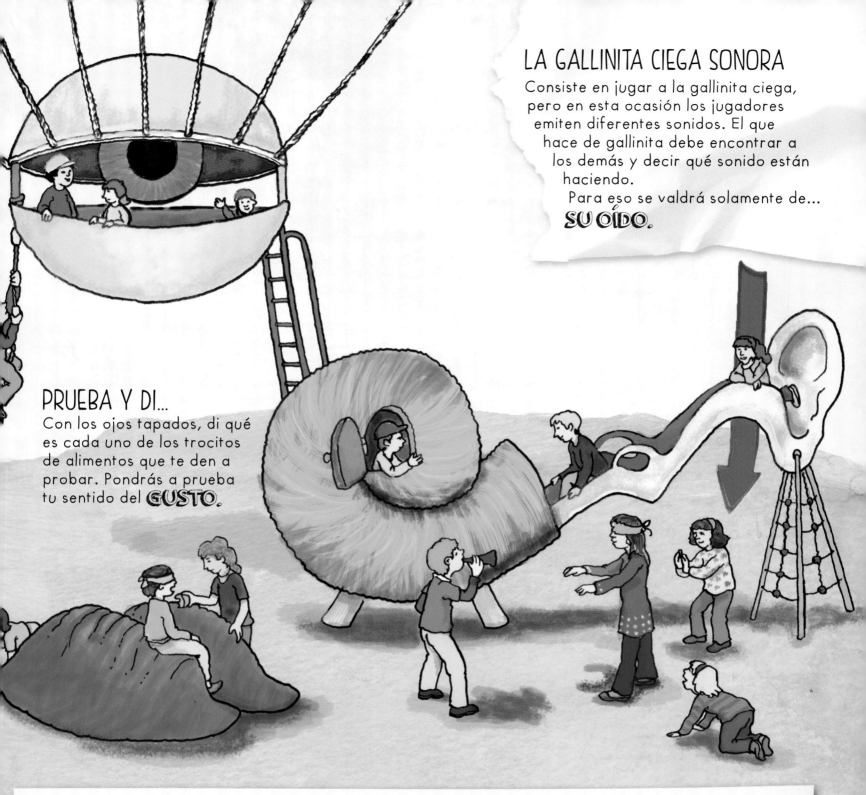

LA GALLINITA CIEGA SONORA

Consiste en jugar a la gallinita ciega, pero en esta ocasión los jugadores emiten diferentes sonidos. El que hace de gallinita debe encontrar a los demás y decir qué sonido están haciendo.

Para eso se valdrá solamente de...

SU OÍDO.

PRUEBA Y DI...

Con los ojos tapados, di qué es cada uno de los trocitos de alimentos que te den a probar. Pondrás a prueba tu sentido del **GUSTO**.

PRESTA ATENCIÓN A ESTAS FIGURAS:

¡Son ilusiones ópticas!

¿Cómo ves las líneas grises? ¿Están rectas o torcidas?

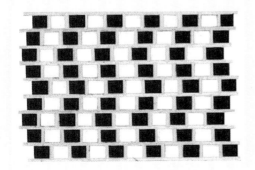

Son todas rectas, no están torcidas.

¿Cuál de los dos círculos rojos es más grande?

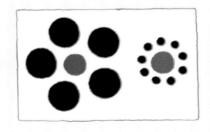

Son iguales.

¿Qué ves aquí?

Puede ser una copa o dos caras mirándose.

39

POR FUERA
PIEL, PELO Y UÑAS

TU PIEL es como una manta. Si pudieras estirarla sobre la cama... ¡LA CUBRIRÍA POR COMPLETO!

La piel es el órgano más grande del cuerpo.

LA PIEL...

Es una barrera que nos protege del mundo exterior, del polvo, la suciedad y las infecciones.

NO DEJA PASAR LOS RAYOS DEL SOL.

Nos avisa cuando algo quema, nos aprieta o nos duele. Las sensaciones llegan de fuera hasta dentro. Y todo esto lo hace a través del sentido del TACTO.

¡AY!

UÑAS

Las uñas protegen las puntas de los dedos de manos y pies. Están hechas de **queratina**, como el pelo.

40

PELOS Y MÁS PELOS...

Tenemos pelos en casi toda nuestra piel. Menos en dos sitios. ¿Dónde será?

En la superficie de la piel hay miles de células muertas que se desprenden cada día, mientras nacen otras.

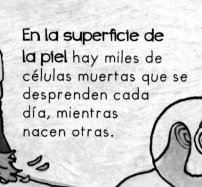

CADA VEZ QUE TOCAS ALGO, IMPRIMES TU HUELLA.
¡Aunque no la veas! Es muy difícil de apreciar, aunque hay unos polvos especiales que las vuelven visibles.

Cuando tienes calor, sudas. La piel elimina agua por los poros y eso hace que te refresques.

¿CÓMO MANTENER LA TEMPERATURA ESTABLE?

37° centígrados

LA PIEL TIENE TRES CAPAS.

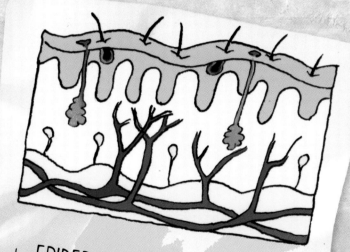

Si sientes frío, se te pone la piel de gallina o tiemblas. Así se contraen los músculos que rodean los pelitos y esto produce calor.

La **EPIDERMIS** es la capa exterior.

En la **DERMIS** están los receptores, las glándulas y los vasos sanguíneos. Es gruesa, fuerte y elástica. Gracias a ella sentimos frío o calor, dolor, cosquillas...

La **HIPODERMIS** es la más profunda. Ahí se almacena la grasa que nos ayuda a mantener la temperatura corporal.

UNA FÁBRICA DE BEBÉS
¡BIENVENIDO AL MUNDO!

Todos fuimos bebés al comienzo de nuestra vida.

Nuestro cuerpo tiene un sistema maravilloso para reproducirnos. Pero no podemos hacerlo solos.

¿Cómo llegamos aquí?

LAS MUJERES tienen **vagina**, **útero** y **ovarios**, donde se almacenan los **óvulos**.

LOS HOMBRES tienen **pene** y **testículos**. Allí se producen los **espermatozoides**.

Aunque parezca increíble, cada uno de nosotros salió de dos células...

UNA DE MAMÁ Y OTRA DE PAPÁ.

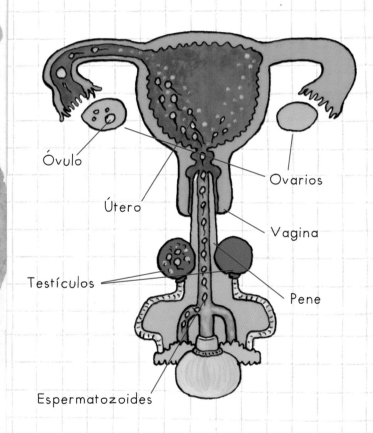

APARATO REPRODUCTOR
Los hombres y las mujeres tenemos un conjunto de órganos para esta misión.

Óvulo

Útero

Ovarios

Vagina

Testículos

Pene

Espermatozoides

De la unión del óvulo y el espermatozoide resulta un **óvulo fecundado**.

ASÍ NOS HICIERON
El hombre y la mujer hacen el amor. Así llegan los espermatozoides hasta el óvulo.

DE UN PUNTITO... ¡A UN BEBÉ!

¡PARECE MAGIA!

Este óvulo fecundado, que es como un huevo minúsculo, se agarra bien fuerte a la pared del útero y empieza a crecer cada día un poco más.

AL QUINTO MES
ya se nota que se mueve. Tiene pelo y uñitas. A veces se chupa el dedo.

A LOS TRES
meses tiene brazos y piernas.

AL MES
ya le late el corazón.

AL PRINCIPIO
no tiene forma de bebé, es solo un puntito.

A LOS SEIS,
abre y cierra los ojos. Ya ve y escucha a través del vientre de la mamá.

A LOS SIETE
meses, ya está formado del todo y pesa alrededor de 1,5 kg. Solo le queda aumentar su tamaño.

EL FETO SE ALIMENTA A TRAVÉS DEL CORDÓN UMBILICAL QUE LE UNE A SU **MAMÁ.**

ENTRE LOS OCHO Y NUEVE
meses se prepara para nacer. Pone su cabecita boca abajo.

¡Buaaaaaaaahhh!

Serán sus primeros sonidos. **¡ES TAN PEQUEÑO Y BONITO!**

¡A LOS NUEVE MESES SALDRÁ AL MUNDO!

43

EL CAMINO DE LA VIDA

A lo largo de la vida atravesamos distintas etapas.

BEBÉS
Desde que somos bebés hasta los tres años...
¡APRENDEMOS TANTO!
A caminar, hablar, jugar, ir al baño y comer solos...

ma-má

De pequeños tenemos mucha energía, pero también necesitamos dormir más.

NIÑ@S
En esta etapa seguimos descubriendo el mundo y aprendiendo mucho. ¡Nos gusta jugar todo el tiempo. ¿A que sí? Nos vamos haciendo más independientes y ya podemos realizar muchas tareas solos. ¡Y vamos al colegio! También nos gusta tener amigos y jugar con ellos.

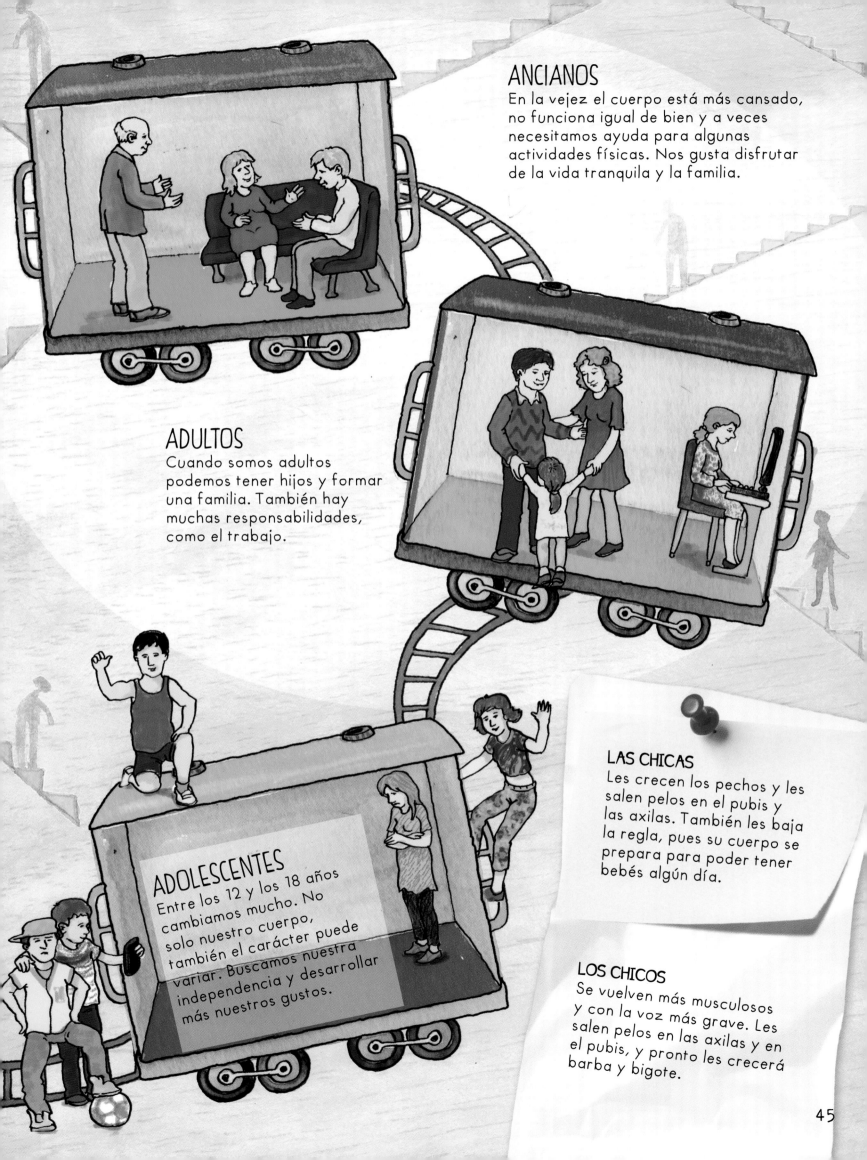

ANCIANOS

En la vejez el cuerpo está más cansado, no funciona igual de bien y a veces necesitamos ayuda para algunas actividades físicas. Nos gusta disfrutar de la vida tranquila y la familia.

ADULTOS

Cuando somos adultos podemos tener hijos y formar una familia. También hay muchas responsabilidades, como el trabajo.

ADOLESCENTES

Entre los 12 y los 18 años cambiamos mucho. No solo nuestro cuerpo, también el carácter puede variar. Buscamos nuestra independencia y desarrollar más nuestros gustos.

LAS CHICAS

Les crecen los pechos y les salen pelos en el pubis y las axilas. También les baja la regla, pues su cuerpo se prepara para poder tener bebés algún día.

LOS CHICOS

Se vuelven más musculosos y con la voz más grave. Les salen pelos en las axilas y en el pubis, y pronto les crecerá barba y bigote.

45